O bastón s

Camaleón

O bastón dos desexos

RAMÓN CARIDE

Ilustracións **MANUEL UHÍA**

PLANETA & OXFORD

Esta obra publicouse cunha subvención da Dirección Xeral do Libro, Arquivos e Bibliotecas do Ministerio de Cultura, para o seu préstamo público en Bibliotecas Públicas, de acordo co previsto no artigo 37.2 da Lei de Propiedade Intelectual.

GOBIERNO DE ESPAÑA MINISTERIO DE CULTURA

Avda. Diagonal, 662-664, 08034 Barcelona

Parque Empresarial San Fernando. Ed. Atenas. 28830 Madrid
Oxford é unha marca rexistrada de Oxford University Press

Primeira edición: febreiro 2008
ISBN: 978-84-9811-136-1
Depósito legal: M. 3.083-2008
Impreso por Unigraf, S. L.
Impreso en España – Printed in Spain

FICHA BIBLIOGRÁFICA

CARIDE, Ramón
O bastón dos desexos, Ramón Caride ; ilustracións de Manuel Uhía
– 1ª ed. – Barcelona: Planeta & Oxford, 2008
Encadernación: rústica ; 64 páxs. ; il. bicolor ; 13 x 19,5 cm –
(Camaleón. Serie laranxa; 24. A partir de 8 anos)
ISBN: 978-84-9811-136-1
087.5: Literatura infantil e xuvenil
821.134.4-3: Literatura galega
Tratamento: fantasía. Tema: animais e ambiente

Para Sara, descubridora do universo
dos manporquiños

OS CATRO AMIGOS

Había unha vez catro amigos que se levaban moi ben e que sempre andaban brincando xuntos. Estes catro amigos eran Manporquiño, Murrigato, Caracol Col e Murrato. Todos vivían na cidade de Animalandia e ían xuntos á mesma escola.

Como o seu nome xa dá a entender, Manporquiño é un cochiño, ou bacoriño, ou gochiño ou suíno, que destas maneiras todas se lle pode chamar; ou sexa que Manporquiño é un porquiño rosado e regordiño, redondo coma un rebolo e listo coma un esquío.

Manporquiño é un porquiño moi amable e simpático. É o máis popular de todos os porquiños de Animalandia, porque sempre anda brincando e argallando novos enredos cos seus amigos.

Murrigato é un gatiño, aínda un pouco pequeniño. Gústalle moito o leite morno, e non come ratos porque lle dan alerxia. Ten un rabo moi longo, de dúas cuartas, e un bigotiño fino moi lucido, que leva sempre moi peiteado.

Col é un caracol moi lambón, o que máis lle sabe no mundo son as leitugas da horta. Leva ás costas unha cuncha de moitas cores, con moitas voltas. Pero non lle gusta moito andar, así que, cando cansa, sobe riba dalgún dos seus amigos e déixase levar.

Murrato é un pequeno ratiño, moi pillabán e comellón. Rilla canto se pon diante dos seus dentes.

Os catro van, con outros moitos animais, á escola de Animalandia e están en segundo curso. A súa profesora, dona Serpente Cobra, é unha becha moi mandaricas e ponlles moitos deberes para a casa, sobre todo contas de restar levando, que a Murrato non lle chistan cousa. Pero a verdade é que ela lles ten moito cariño a todos, por máis que, ás veces, lle poñan a clase patas arriba, pois trastes son abondo.

Manporquiño é amigo de todos os bechos, á parte dos da súa banda. E tamén das árbores, dos paxaros, e mesmo dos trasnos da fraga que rodea a cidade. Un dos seus colegas preferidos do bosque é un ananiño, chamado Catuxo, que vive nun cogomelo vermello con pintas brancas, ao pé dun castiñeiro.

Un día que os catro amigos foran de paseo polo monte, rompeu a chover. Estourou unha tremenda tronada, e non tiñan onde se acoller. Daquela saíu o Catuxiño do seu fungo e convidounos a entrar. Como tamén era meigo, fixo que se volvesen pequeniños coma el, e así entraron todos xuntos no cogomelo. Tomaron chocolate quente e torta de amorodos, e pasárono moi ben ata que escampou.

AS TRASNADAS DE MANPORQUIÑO

Coma todos os bechiños pequenos, Manporquiño é moi rebuldeiro. Encántalle inventar novos xogos e viaxar. Aínda que tamén é moi traste e ás veces causa algún problema que os maiores non esperan.

Nunha ocasión, Manporquiño e os seus amigos foron de viaxe cos outros bechiños da escola á cidade dos homes, que está moi lonxe de Animalandia, e alí viron cousas asombrosas. Visitaron o museo e o zoolóxico.

Naquel parque zoolóxico viron moitos bechos que non había en Animalandia, como as xirafas de longos pescozos, os tigres siberianos que parecían tigres en bran-

co e negro, e o raposo das Indias, que é distinto dos outros.

Tamén había un acuario con golfiños. Cando pediron voluntarios para o espectáculo dos golfiños, Manporquiño quixo participar e montou nunha barquiña inchable tirada por unha golfiña. A golfiña chamábase Nala e Manporquiño e Caracol Col, que ía no seu peto, fixéronse grandes amigos dela.

Viron grandes escorpións e tarántulas, pero non eran agresivos. E o que máis lles gustou foi a canceira, porque en Animalandia non había cans. A quen menos lle chistou foi a Murrigato, porque todos lle ladraban e tivo que liscar de alí a fume de carozo.

O caso foi que, nun despiste dos homes que vixiaban a canceira, Manporquiño e os seus amigos abriron todas as gaiolas, porque lles daba mágoa ver presos os cadelos.

Todos os cans que estaban alí apreixados, que eran cincuenta e seis de todas as razas e tamaños, fuxiron ao mesmo tempo e montouse unha tremenda barafunda. Desde aquela, a profesora dona Serpente pénsao dúas veces antes de saír outra volta de excursión con eles.

Outro dos pasatempos favoritos de Manporquiño e os seus amigos é o cine. Case to-

dos os sábados do inverno, sobre todo cando chove e non poden saír brincar ao aire libre, van ver unha película. Como as súas casas están preto do cine, marchan case sempre os catro xuntos e voltan andando. As pelis que máis lles gustan son as de aventuras.

Á SAÍDA DO CINE

Un día viron unha película dun coello que, por casualidade, achaba un bastón máxico. O bastón da película era negro e tiña un puño de marfil moi feitiño en forma de cabeza de parrulo.

Cando se fretaba o puño do bastón máxico, comezaban a pasar cousas estrañas. O coello da historia que viran, que se chamaba *As aventuras de Rabibranco,* viaxaba a moitas partes do mundo co seu bastón, e corría fantásticas andanzas.

Aquel día, cando saían do cine, os catro amigos viñan falando desa historia:

—Chachi! Como me gustou! —dicía Manporquiño—. O cine é algo especial, non vos parece?

—Non sei, non sei, demasiado incrible para min —dicía Murrigato, que prefería menos fantasía nas historias.

—Sabedes —interrompeu Caracol Col, ben acochado entre a peluxe do gato, por mor do frío—. Sería marabilloso atopar un bastón máxico coma o da película...

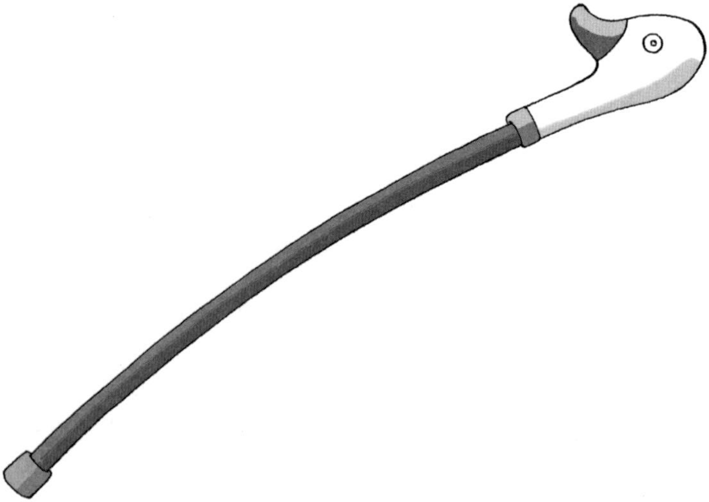

—E tanto que sería —continuou Murrato—, sobre todo porque ao chegar á miña casa, estanme esperando aínda trinta contas de restar.

—Ollade —dixo daquela Manporquiño, abraiado—, vedes o mesmo ca min?

Diante deles, tirado na metade da rúa, brillaba un fermoso bastón escuro, cunha empuñadura brillante, semellante en todo ao que viñan de ver no cine.

—Credes que será o bastón máxico? —dixo Murrato.

—Boh, boh! Non soñedes despertos —cortou Murrigato.

—Non se perde nada con probar —teimou Manporquiño, que era o máis decidido dos catro. E meu dito, meu feito, comezou a fregar co seu pano o puño do bastón—. Se fose máxico, a onde quereriades que vos levase?

—Ao cabo do mundo! —apuntou rápido Caracol Col, que era o máis amigo das viaxes, por aquilo de que era tamén o que tiña que andar sempre amodiño.

Daquela, para sorpresa de todos, a paisaxe de Animalandia, onde estaban, varreuse do seu redor. Sentiron a vertixe, coma se caesen de moi alto.

VIAXANDO POLO MAR

Tanto medo pillaron Manporquiño e os seus amigos, que fecharon os ollos. Cando acertaron a abrilos estaban no medio do mar. Non se vía terra en toda a redondeza. E o mar andaba bastante bravo, con ondas que zorregaban escuma.

Murrigato miañou arreguizado, porque como a maioría dos gatos non era moi amigo da auga. Por sorte, para el e para todos, estaba enxoito. E era porque o puño do bastón, en forma de cabeza de parrulo, convertérase nun barco de madeira, coa

proa da mesma feitura, que os levaba mar adiante.

—Pois si que era máxico! —dixo Caracol Col—. Murrato tiña razón.

—Fixéchela boa, Caracol! —protestou Murrigato—. Seguro que estamos preto de Australia, que é o cabo do mundo para nós. O que nos queda máis lonxe.

—E agora, como facemos para merendar? —dixo o ratiño, que xa empezaba a sentir o ruxerruxe das tripas.

—Calade, ou! —cortou Manporquiño—. A ver como nos amañamos para ir a terra, que estas ondas non che me gustan nada.

Caracol Col era da opinión de agardar que o barco-bastón os levase a terra, xa que era máxico. Pero Manporquiño lembroulle que na película o bastón servía só para entrar en cada aventura, pero non para saír dos perigos.

Para acabar de complicar as cousas, o ceo escureceu e púxose negro coma o chumbo. O vento deu en cobrar forza. O barco-bastón, sen velas nin remos, sen leme nin xeito de asegurar o rumbo, daba tombos coma unha casca de noz. Subía na crista de cada onda, e baixaba coma nun tobogán descontrolado, a piques de afundir.

—Agarrádevos onde poidades, amigos —berrou Manporquiño—, que isto afunde sen remedio!

E así foi, de alí a un chisco envorcaron.

NÁUFRAGOS!

Por sorte para os catro bechiños, o barco non foi ao fondo, aínda que ficou co casco para arriba. Murrigato gabeou, cravou as uñas na madeira coma se fosen raíces e o mar non foi quen de o levar.

Caracol Col meteuse na cuncha e foi aboiando ata o gatiño; e o Murrato alancou polo casco arriba coma un foguete. Quen o pasou peor foi Manporquiño, arrastrado pola oleaxe mar adiante. Bracexaba pero non se daba encamiñado cos seus amigos, porque a corrente o levaba para lonxe.

—Colle o meu rabo, Manporquiño! —berrou Murrigato, lanzándollo ao náufrago, coma se fose un cabo.

Afortunadamente, Manporquiño tirara bo proveito das clases de natación infantil dos xoves na piscina de Animalandia; así que, con algo de axuda dos seus amigos e non pouco esforzo, foi quen de se xuntar con eles.

Estaban a salvo, pero só precariamente, pois andaban perdidos en alta mar. Non tiñan auga nin comida ningunha e, para complicar aínda máis as cousas, axiña ía caer a noite.

De pronto albiscaron algo ao lonxe. Algo moi, moi grande.

—É unha illa —dixo Manporquiño—, se puidésemos chegar a ela...

—Non pode ser —dixo Murrigato, que era o que tiña mellor vista—. Non é unha

illa porque as illas non se moven, e isto móvese e vén dereito cara a nós. E tampouco non é un barco.

—Pois logo seguro que é unha balea —apuntou Murrigato.

Era unha balea grandísima, e achegábase a toda velocidade.

—Que medo! Vainos papar dun bocado? —Caracol Col estaba aterrecido.

—Non tal, que as baleas non comen peixe! —tranquilizouno Manporquiño.

—Xa, pero nós non somos peixes, que somos bechos de terra —ao caracol non lle cocía o pan no corpo—. E se nos traga dun bocado coma a Pinocho?

A BALEA FAMENTA

Aínda que descoñecían as intencións da balea, o certo era que se achegaba cada vez máis aos nosos amigos. Cando estivo cabo deles, comprobaron que traía a súa inmensa boca ben aberta.

—Xa vos dicía eu que viña con intención de nos devorar —dixo Caracol Col.

—Non tal, que os bechos pegañentos me dan noxo —bradou unha voz de trono. Era a balea que estaba a falar con eles.

—Menos mal! E os bechos con rabo? —era Murrigato quen preguntaba.

—Peor, non teñades medo, puagh!, todos cheos de pelo... nin de regalo. Eu son unha balea comedora de madeira. Comebarcos, para os amigos. Teño moi bo padal, e veño papar a vosa embarcación, que por certo é de pau santo. Hum! ten que estar do máis gorentosa, exquisita! —a balea pasou a lingua polos labios.

—Xa se me fai a boca auga —continuou Comebarcos—. Agora, este barco voso un pouco raro si que é. Está feito ao revés dos outros. Normalmente, a parte onde vós estades vai para abaixo, pero a min tanto me ten...

—Un momento, balea. Escoita un instante, fai o favor —terzou Manporquiño—. Este barco tan raro era o noso bastón máxico, que achamos abandonado e, ao pedirlle un desexo, transformouse en barco e tróuxonos. Se o comes, imos afogar no medio do mar. E sen a súa maxia, como imos facer para voltar ás nosas casas?

—Tedes razón —repuxo a balea Comebarcos—, non caera niso. Pero non vos preocupedes. Que o gato bote ese cacho rabo que ten á miña boca, e vós termade del. Prometo remolcarvos a terra sen vos tocar nin un pelo. Unha vez que esteades a salvo, continuarei co xantar e paparei este casco. Por certo, vouvos deixar en Australia. Un pouco lonxe da casa si que debedes estar. Pero sodes bechos animosos e seguro que vos saberedes amañar.

—Pois veña, que a tronada vai a máis —apurou Manporquiño—. Se podes, déixanos nunha praia con cocos. Así poderemos beber e comer ao tempo, Murrigato poderá tomar leite de coco e o Caracol comerá gromos tenros de palmeira. E logo xa se verá...

—Iso está feito, meu porquiño. —E a balea tensou a cauda do mico e, nadando a canto podía, en menos do que se tarda en contalo, levounos a unha praia, na que abondaban os cocos, e mesmo se vían moitos na area.

—Moitas grazas, balea, pola túa axuda. Nunca esqueceremos este día.

ARTURO, O CANGURO

Cando se fixo día, logo de repoñeren forzas, os nosos amigos comezaron a debandar a súa situación. Andaron un pouco ata afastarse da praia, logo dun bo almorzo co mesmo menú de cocos e gromos tenros. Mais non atoparon ningún lugar habitado, nin becho ningún, aínda que camiñaron ata ficar sen folgos.

Estaban no medio dun deserto, a todos os lados só vían a mesma paisaxe: unha chaira extensa e pelada, da cor ocre amarela do tixolo. Comezaron a desanimarse e Manpor-

quiño falou da súa comprometida situación: a balea comepaus deixáraos sen medio de retorno. Tamén se decataron de que nas súas casas, os pais andarían preocupados.

—De seguro que arestora en Animalandia xa nos dan por desaparecidos e anda todo o mundo tras nosa —dixo Manporquiño—. Botaríannos en falta, porque ningún durmiu na súa cama.

—Si, pero seguro que non nos fan en Australia —Caracol Col andaba tristeiro—. E todo pola miña culpa...

—Déixate de lerias, Caracol —interveu Murrato, entusiasmado así e todo—. Esta é a aventura máis fabulosa que nos leva pasado nunca.

Foi daquela cando sentiron que a terra tremía baixo os seus pés, coma se estivesen riba do coiro dun tambor descomunal. Murrigato foi o primeiro en notalo.

—Calade! Non sentides?

Todos atenderon e escoitaron o mesmo. POM! POM! POM! Era un golpexar rítmico e continuo, que se facía máis rápido a cada paso.

—Un terremoto, seguro.

—Quita, Caracol! Ti escoitaches falar dalgún terremoto que tivese ritmo musical.

Axiña, unha sombra descomunal tapou o sol e caeu sobre eles. Cando ergueron a vista, viron, como xurdido da nada, un canguro alto coma un edificio de oito pisos, que aterrara onda eles.

—Ola, son Arturo, o canguro morrocotudo! Non andaredes un chisco perdidos?

UNHA PROPOSTA INTERESANTE

—E tanto que andamos perdidos —contestou Manporquiño, non ben se repuxo da impresión. Non todos os días había ocasión de ver semellante fenómeno marsupial—. Escoita, non poderías axudarnos a voltar á nosa casa?

—Iso está feito, aínda que vai estar un pouco lonxe para chegar alí a brincos, pero en fin... —Arturo calou un pouco, matinando—. O que podo facer é achegarvos ao aeroporto, que está na outra punta de Australia. Unha vez alí, colledes un avión e listo. En menos de vinte horas, na casa.

—Pero escoita, non temos cartos para pagar a pasaxe do avión, ningún dos catro. Os poucos cartos que nos sobraron da entrada do cine, gastámolos en lambetadas —laiouse Murrigato—. Non temos nin patacón.

—Todo ten arranxo, meu miquiño —interrompeu o supercanguro—. Eu traballo nun circo, e precisamente imos facer unhas actuacións na capital. Podemos incluírvos no espectáculo. Co que gañedes, con algo de sorte, havos dar para a viaxe de volta.

—Imos ver —continuou Arturo—. Ti, por exemplo, con ese rabo tan longo, e coa túa axilidade de felino, non has ter dificultade en actuar no trapecio. O rato pode facer o número contigo.

—E eu que fago? —dixo Manporquiño.

—Paréceme que ti non vas servir para equilibrista, pero se cadra dáseche ben axudarlle á tropa dos pallasos. E o caracol irá contigo tamén.

—Pois veña, logo, cando empezamos?

Manporquiño estaba entusiasmado, porque sempre soñara con traballar no circo.

—Metédevos na miña bolsa! —ordenou o canguro—. Uns cantos saltos e estaremos alí.

A bolsa marsupial, que o canguro tiña na barriga, era fresquiña e moi cumprida. Acomodáronse os catro con folgura nela. E deseguida, Arturo comezou a viaxe para o seu circo, onde Manporquiño e os seus amigos ían comezar a súa carreira de artistas.

DÍAS DE CIRCO

Como eran moi simpáticos, cando chegaron ao Gran Circo Australiano, Manporquiño e os seus amigos fixéronse querer axiña por todos. O seu mellor amigo naqueles días foi o coala Kuki, quen lle ensinou a Caracol Col a mastigar follas de eucalipto.

Despois de máis de cen actuacións por toda a illa, o Murrigato revelou ser un consumado trapecista. O seu número forte, moi aplaudido, era saltar desde o máis alto do arame, no cume da carpa con Murrigato no rabo, para caer na bolsa de Arturo.

Manporquiño, pola súa banda, demostrou ser un pallaso moi divertido, e iso que non sabía inglés.

Os amigos decidiron un día que, se cadra, xa era ocasión de facer contas, porque se non ían acabar botando toda a vida no circo. Tamén acordaron, aínda que non lles

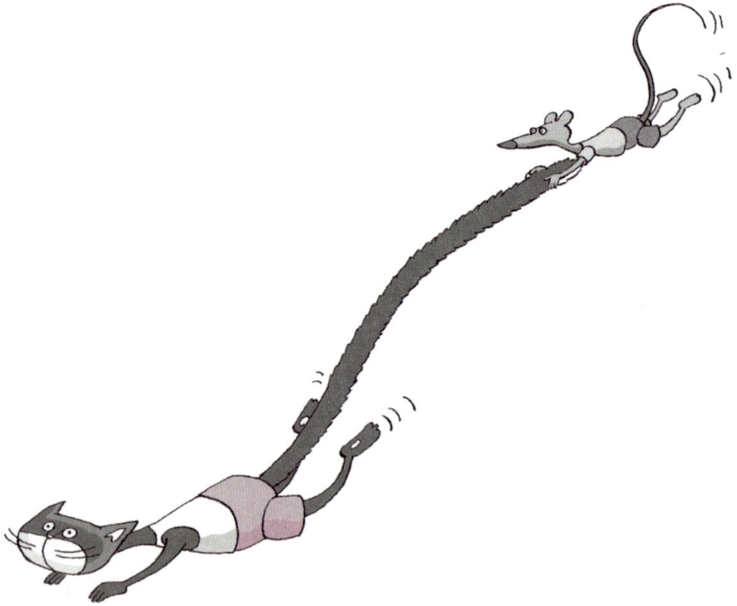

chistaba moito, que tarde ou cedo terían que voltar á escola.

Resultou que, como no circo eran tantos a repartir —por algo era grande e australiano—, non lles tocou tanto como pensaban. Descontados os gastos, a mantenza dos catro e o aluguer da carreta na que viviran esa tempada, só tiñan o xusto para tres billetes de avión.

Ao comezo, quedaron un pouco tristeiros, pero foi o Caracol Col quen deu coa solución, ben doada por certo:

—Non vos preocupedes, coleguis. Eu viaxarei no peto de Manporquiño, e así, como non ocuparei asento, tampouco pagarei billete.

E así o fixeron; despois dunha última función de despedida, que resultou apoteósica, dixéronlle adeus ao circo e colleron o avión de volta á casa. O traxecto resultou

ben, aínda que algo pesado. Sobre todo para Murrigato, quen non podía estirar o rabo tanto como quería porque o avión era un chisco pequeno.

Esta foi a máis fabulosa aventura de Manporquiño e os seus amigos, e tamén a máis longa. Cando baixaron do avión colleron un autobús; por fin voltaron á casa andando, coma se viñesen do cine, e os pais nin se decataron…

Nin se decataron, diredes? Como non se ían decatar da falta dos seus fillos, cos máis de cen días que pasaran fóra, traballando no Gran Circo Australiano? Queredes saber por que non se decataran? Pois isto díreivolo no próximo capítulo. Polo de agora, ide pensándoo vós.

MANPORQUIÑO ABÚRRESE

Pois é moi sinxelo, os pais nin se decataran da viaxe a Australia, porque a viaxe a Australia comezara co bastón máxico, ou é que xa non vos lembrades? E os bastóns máxicos, coma as lámpadas máxicas e todos os obxectos máxicos en xeral, teñen a propiedade de encoller o tempo para os que están fóra e estiralo para os que están dentro.

Pensade nun libro, que é un chisco máxico. Nun libro calquera, que ledes por vez primeira. Mesmo neste se cadra: a que, cando vos gusta moito, estades dentro del e pasan moitas cousas? e a que, cando saí-

SPIDERMAN

des do libro, o tempo fíxose curto de máis? Pois entón.

Volvendo a Manporquiño, ao día seguinte da súa chegada, que era luns, tivo que ir á escola, coma todos os luns. A semana correu rápido, entre a aula e as actividades da tarde. Pronto chegou o venres. A pesar de todas as aventuras que correra, Manporquiño aburríase moito aquel día ao volver do colexio.

Resultou que o gato Murrigato estaba nas súas clases de ximnasia rítmica. Caracol Col tivera que ir de compras con seus pais. O rato Murrato fora a un restaurante cear con toda a súa familia, porque seus avós estaban de aniversario.

E claro, despois de tantas aventuras, do que menos gana tiña Manporquiño era de ver a televisión. Así que se preguntaba:

—E agora que vou facer? Podería xogar

ao futbol, pero como estou só non podo.

— A verdade é que Manporquiño ao futbol xogaba sempre de porteiro, e claro, un só non daba xeito.

—Vou fóra a ver se vexo algunha bolboreta —pensou, porque xa case era primavera. Saíu da casa e comezou a buscar bolboretas, mais non encontrou ningunha. De pronto viu un bechiño ao lonxe:

—Que é iso? —preguntábase o cocho, porque vía que o outro se achegaba.

—Se é un lagarto! —dixo ao recoñecelo—. Pero nunca o vira por aquí, será un novo veciño? Quen me dera!

—Ola! —dixo o lagarto—. Son Verdegarto, e veño vivir a este barrio. Queres xogar comigo?

—Encantado de coñecerte. Eu son Manporquiño, e por suposto que quero xogar. É o que máis me gusta no mundo.

—Pois imos xogar logo.

—Viva! É xusto o que eu quería.

Desde aquel día Manporquiño nunca máis se volveu aburrir. Os catro amigos pasaron a ser cinco: Manporquiño, Murrigato, Caracol Col, Murrato... e Verdegarto, o lagarto.

ÍNDICE

Ramón Caride, amais de escritor, é biólogo, profesor e sobre todo pai. Esta última, a de pai contador de contos, é a condición esencial para explicar o nacemento de *O bastón dos desexos,* igual que o nacemento doutros libros seus, moitos ben coñecidos como *Perigo vexetal, Ameaza na Antártida, Micifú e os seus amigos, O cabo da serpe, O futuro roubado, A negrura do mar* ou *Ruki, o rato robot,* e se non que llelo pregunten ás súas fillas. Outra das súas obras é a peza teatral *Historia dunha sobreira,* representada nunha chea de escolas. Varios dos seus libros foron traducidos a distintos idiomas. Tamén ten feito novelas e poesía para adultos e acadado importantes premios como o Blanco-Amor, o Risco, o Merlín ou o Martín Sarmiento, entre outros; aínda que para el o mellor premio segue sendo o de poder continuar imaxinando, ou sexa, inventando novas historias para compartilas coas súas lectoras e lectores.

Manuel Uhía. Nacín en Portonovo (Pontevedra). Atraído polas artes plásticas marchei a Madrid a estudar Belas Artes, e alí comecei a traballar como ilustrador e deseñador gráfico en editoriais e axencias de publicidade. De regreso a Galicia instaleime en Vigo, onde continuei o labor de creativo gráfico e ilustrador. Na actualidade colaboro con varias editoriais galegas e foráneas, actividade que comparto coa pintura e o deseño gráfico. Levo ilustrado máis de 200 libros, e en 1996 escribín *Pinturiño,* o meu primeiro conto para nenos, ao que lle seguiron outros títulos. Como recoñecemento ao meu traballo, acadei o premio Rañolas de Ilustración (1997), a Lista de Honra no XXXVI Premio CEI (1997), o Premio Multimedia 2001 (compartido) da Casa das Ciencias da Coruña, e mais o IV Premio Lecturas (GÁLIX) de Ilustración 2004.

Camaleón, serie laranxa
A partir de 8 anos

Un misterio na mochila de Alba
Fina Casalderrey

Un tarro cheo de lapis
Juan Farias

Historia dunha lata
Alberto Varela Ferreiro

Algúns nenos, tres cans e máis cousas
Juan Farias

Reino Verde
Xoán Babarro

Os amores de Bruno
Antón Cortizas

O bastón dos desexos
Ramón Caride